AF138972

©2013 Gaby Strauch

Herstellung und Verlag:

BoD - Books on Demand, Norderstedt

ISBN 978-3-7322-9387-2

# Gaby Strauch

## Viel Spaß beim Lesen meines Reiseberichtes über unsere erste Transatlantik Kreuzfahrt mit der Adventure of the Seas

### vom 04.11.2013 - 17.11.2013

## Books on Demand

# Prolog

Bei unseren bisherigen Urlaubsplanungen haben wir uns bereits mehrmals mit einer Kreuzfahrt über den Atlantik beschäftigt.

Wir hatten Angst, wie wir die vielen Seetage, mit den Menschenmassen an Bord und die mit Sicherheit sehr hohen Wellen auf dem Atlantik, überstehen würden.

Nun haben wir es gewagt und wir haben gewonnen.

Unsere Sorgen waren unbegründet und dies möchte ich Euch in diesem Reisebericht erzählen.

# Unsere Reiseroute

Mo 04.11.13  Southampton / England    16:30
Di 05.11.13  Auf See
Mi 06.11.13  Auf See
Do 07.11.13  Funchal (Madeira) Portugal  13:00  22:00
Fr 08.11.13  Auf See
Sa 09.11.13  Auf See
So 10.11.13  Auf See
Mo 11.11.13  Auf See
Di 12.11.13  Auf See
Mi 13.11.13  Auf See
Do 14.11.13  Basseterre (St. Kitts) / Kleine Antillen  08:00  17:00
Fr 15.11.13  Philipsburg (Sint Maarten) / Kleine Antillen  08:00  17:00
Sa 16.11.13  Charlotte Amalie (St. Thomas) / US Jungferninseln  08:00  17:00
So 17.11.13  San Juan / Puerto Rico  06:00

# Transatlantik Kreuzfahrt mit der Adventure of the Seas Vom 04.11.2013 - 17.11.2013

Soviel vorweg!
Diese Reise war bis jetzt mit das Beste was wir je gemacht haben!!

Am Sonntag den 03.11.2013 um 10:00 Uhr startet unsere Reise mit der Bimmelbahn von Eschweiler nach Köln und von dort weiter im IC nach Hannover. (Wir hatten uns die 1.Klasse gegönnt)
Leider mussten wir von Hannover nach Southampton fliegen, weil sich unsere Fluggesellschaft "FlyBe" nach unserer Buchung Düsseldorf - Southampton entschlossen hatte, dass man nicht mehr direkt von Düsseldorf nach Southampton fliegt. So bot man uns an entweder von Düsseldorf über Manchester nach SH zu fliegen, oder direkt von Hannover.
Wir wählten Hannover.
Bis Köln lief alles glatt. Dann kam unser gebuchter IC . Allerdings leider ohne den 1.Klasse Wagen, in dem wir unsere Sitzplätze reserviert hatten.

Na toll… die Bahn schon wieder. Aber wir hatten trotzdem Glück und bekamen noch zwei Sitzplätze in einem anderen Wagen. Pünktlich 2 Stunden vor Abflug unserer Propellermaschine nach Southampton kamen wir am Flughafen Hannover an. Wie auch in Düsseldorf, erreicht man den Flughafen direkt mit der S-Bahn.

Das war das erste Mal, dass wir mit einer Maschine geflogen sind, in der fast ausschließlich Engländer saßen… überall im gesamten Flugzeug wurde von der ersten Minute an nur gequatscht. So eine Geräuschkulisse hatten wir noch nie während eines Fluges. Vermutlich handelte es sich um eine englische Reisegruppe auf dem Heimflug… da gibt es nun mal viel zu erzählen.

Nach einem kurzen und ruhigen Flug von knapp 2 Stunden kamen wir auch schon in Southampton an.
Die Passkontrolle ging sehr schnell und auch unsere Koffer waren zügig da. Mit dem Taxi für 18,50 Pfund fuhren wir dann ca. 15 Minuten zu unserem gebuchten Mercure Dolphin Hotel Southampton.

Dieses Traditionshotel liegt nur ca. 5 Minuten zu Fuß vom Hafen entfernt. Leider regnete es mittlerweile in Strömen, weswegen wir unseren Plan, schon mal den Hafen zu sichten, vergessen konnten. Das alte, relativ große Hotel hat schon irgendwo Flair, aber nur in den öffentlichen Räumen, wie Lobby und Bar. Um zu unserem Zimmer (in der hintersten Ecke) zu kommen, mussten wir zuerst mit dem Fahrstuhl in die 1 Etage. Dann wieder Treppen runter, Treppen wieder rauf, durch mehrere Türen und Durchgänge und als wir dachten, jetzt haben wir uns verlaufen standen wir vor unserem Zimmer. Etwas größer als eine Abstellkammer, aber gemütlich.

Für eine Nacht war das vollkommen in Ordnung, auch weil das Preis-Leistungsverhältnis stimmte.
Nachdem wir uns etwas frisch gemacht haben und unsere Wertsachen im Safe deponiert hatten, wollten wir eigentlich noch Southampton erkunden und irgendwo was Leckeres essen gehen.
Aber wegen des schlimmen Regens blieben wir dann im Hotel und haben im Hotelrestaurant gegessen.
Dieses Hotel scheint speziell von Kreuzfahrern gebucht zu werden, wir haben einige Hotelgäste auf unserem Schiff wieder gesehen.
Am nächsten Morgen, nachdem wir gemütlich auf unserem Zimmerchen Kaffee getrunken haben, haben wir unsere Sachen wieder zusammengepackt und ausgecheckt.
Auch in Southampton scheint die Sonne.
Wir hatten blauen Himmel und Sonne pur.
So sind wir dann zu Fuß die ca. 1000 m mit unseren Koffern gemütlich die Straße runter zum Hafen. Es war ja erst 10:00 Uhr und wir hatten noch reichlich Zeit.

Als wir am Ende der Highstreet ankamen
sahen wir sie schon:

"Unsere" Adventure of the Seas.

Schön gemütlich am Pier entlang kamen wir
dann noch ganz entspannt am
Cruiseterminal an.
Und zu unserer Überraschung konnten wir
schon an Bord… wenn wir unsere
Reisepässe gefunden hätten! Nachdem wir
alles abgesucht hatten und schon völlig
verzweifelt waren - unser ganzes Geld und
meine Geldbörse waren auch nicht mehr da
- viel mir Gott sei Dank ein, dass wir gestern

all unsere Wertsachen in unserem Hotelzimmertresor eingeschlossen haben. Ihr könnt Euch vorstellen was in uns vorging.

Wir konnten unsere Koffer schon abgeben und sind dann im Eilschritt (komischerweise war ausgerechnet jetzt kein Taxi zu finden) zurück zum Hotel.

Völlig außer Atem waren wir 15 Minuten später wieder im Hotel . Alles wird gut!!! Der Tresor in unserem Zimmer war noch verschlossen und alles war noch da! Puhhh, das war knapp.

Nun konnten wir uns ganz entspannt wieder auf den Weg zum Hafen machen, dabei ließen wir uns richtig Zeit und schlenderten noch etwas durch die Gassen des historischen Stadtteils von Southampton.

Diese alte Hafenstadt ist im Sommer bestimmt mal eine Reise wert.

Gegen 12:00 Uhr gingen wir dann gemütlich und mittlerweile wieder völlig entspannt, zum Einchecken. Es gab 3 verschieden Eingänge: Goldstatus, Platinum und höher, und für ohne Status. Da dies unsere zweite Reise mit Royal Caribbean Cruise Line ist hatten wir bereits Goldstatus. Nur zu Eurer Info, bei Royal Caribbean gibt es das Bonus System Crown Anchor. Pro Übernachtung bekommt man einen Punkt. Je mehr Punkte man hat, umso mehr Annehmlichkeiten hat man an Bord. Mit unserem Goldstatus bekamen wir zum Beispiel ein Gutscheinheft auf unsere Kabine. Mit diesem hatten wir diverse Vergünstigungen auf unserer Reise, so auch beim Einchecken.

Wir brauchten nirgendwo warten und waren deshalb innerhalb von 10 Minuten fertig und bereits auf der Gangway zum Schiff. Endlich sind wir wieder auf "unserer" Adventure of the Seas.

Erstmal haben wir einen Rundgang auf Deck 12 gemacht und von hier oben tolle Bilder von Southampton und dem Hafen bekommen. Mit uns lagen dort noch die Queen Mary 2 und die Oriana im Hafen. Bereits um 13:30 Uhr wurden die Kabinen freigegeben und unsere Koffer waren auch schon dort. Wir hatten wieder eine Kabine am Heck, eine sogenannte Aft Balkony Kabine auf Deck 9 in Fahrtrichtung links. Das Beste an diesen Kabinen am Heck ist der sehr große Balkon (9qm). Auf dem Balkon befanden sich zwei Liegen, zwei Stühle und ein kleiner Tisch.
Ab und zu, aber auch nur wenn der Wind ungünstig stand, hatten wir etwas Ruß auf dem Balkon.

Auf unserer Überfahrt ab Madeira hatten wir jeden Morgen traumhafte Sonnenaufgänge und die Sonne beschien uns immer ungefähr bis zur Mittagszeit.

Der erste Weg, nachdem wir morgens die Äugelein geöffnet haben, war auf den Balkon um dort den Ozean und die Sonne zu genießen. Das ist Urlaub!!!!

Aber der Reihe nach:

Pünktlich um 16:30 Uhr hieß es Leinen los und wir legten ab. Jedes Mal, wenn der Kapitän das Signalhorn zum Ablegen oder zum Gruß an die anderen Schiffe betätigte, bekamen wir ein Gänsehautfeeling.

Mit einem leckeren Cocktail in der Hand nahmen wir auf Deck 12 Abschied von Southampton.

Vorbei an der Queen Mary 2 und der Oriana (jedes Mal gab es wieder das Signal …. Gääänsehaut….) fuhren wir langsam aus dem Hafen in Richtung Kanal.

Wir hatten das Premium Getränkepaket bei unserer Buchung im März inklusive, so konnten wir nach Lust und Laune, ohne auf unser finanzielles Budget zu achten, uns fast alle Getränke an Bord gönnen, was wir auch ausgiebig genutzt haben. Trotzdem würden wir sagen, dass wir uns dieses Getränkepaket nicht kaufen würden, weil für 55 $ pro Person muss man erstmal trinken können.
Wir haben mal hochgerechnet und würden sagen, dass wir im Schnitt für 30 - 35 $ pro Person und Tag verbrauchen würden.
Wobei man natürlich an den Seetagen mehr braucht.

Weiter geht's:

Die erste Nacht an Bord war sehr unruhig und wir waren froh, dass wir reichlich Reisetabletten eingepackt hatten. Am nächsten Morgen hatten wir sehr trübes, typisch englisches Wetter und der Seegang und der Wind wurden immer heftiger. Zum Mittag wurden dann auch alle Aussendecks gesperrt und wir waren mittlerweile bei 10 Beauforts Windstärke und Wellen von bis zu 8 Metern. Das war nicht sehr angenehm. Beim Essen war es auch nicht sehr voll in den Restaurants, das lag vermutlich am Seegang und dass viele Leute damit nicht zurechtgekommen sind.
Uns war es auch etwas "schummrig", aber noch erträglich.
Auch in dieser Nacht wurden wir in unserem Bett gut durchgerüttelt. Das ist leider ein Nachteil von Heckkabinen. Man merkt alle Schiffsbewegungen sehr viel intensiver als z.B. Mittschiffs. Wer also etwas empfindlich ist, sollte sich doch lieber für eine Kabine in der Mitte des Schiffs entscheiden. Aber nach einer Weile gewöhnt man sich an die Schiffsbewegungen.

Der nächste Tag, wir waren mittlerweile in der Biscaya, war auch nicht viel besser. Wir hatten schon Angst, dass dies die ganze Atlantiküberfahrt so bleiben würde. Das hätte uns natürlich überhaupt nicht gefallen.

Am dritten Tag sollten wir um 13:00 Uhr auf Madeira ankommen. Schon beim Aufstehen war die Sonne zu sehen und das Meer im Vergleich zu den Tagen zuvor fast spiegelglatt.

Ab 11:00 Uhr konnten wir am Horizont bereits diverse kleine Inseln sehen und wenig später umrundeten wir die Insel Madeira, um dann pünktlich um 13:00 Uhr dort im Hafen zu ankern. An diesem Tag waren wir das einzige Schiff im Hafen.

Wir hatten Glück, denn das Wetter sollte
den ganzen Tag trocken und warm (ca. 24
°C) sein. Madeira ist eine kleine Insel mitten
im Atlantik. Sie gehört zu Portugal und ist
die Heimat von CR7. Die Fußballfans unter
Euch wissen, wer gemeint ist.
Diese wunderschöne Insel ist aber auch als
Blumeninsel bekannt. Wegen des ganzjährig
milden Klimas gedeihen dort die Blumen
wohl ganz besonders gut.

Mit fast allen Passagieren verließen wir von
Deck 1 mittschiffs unser Traumschiff. Vor
dem Cruiseterminal standen mindestens 50
Taxen. Dabei waren auch einige Taxifahrer,
die sehr gut deutsch sprechen und tolle
Touren über die Insel anbieten. Dieses
Angebot hatten wir letztes Jahr bei unserem
Aufenthalt auf Madeira bereits
angenommen und uns dabei den Ort Monte
und die tropischen Gärten oberhalb der
Hauptstadt Funchal ansehen können.
Deshalb wollten wir uns dieses Mal
ausgiebig die Stadt anschauen.
Nach ca.1,5- 2 km Fußmarsch von unserer
Anlegestelle erreichten wir das
Stadtzentrum von Funchal.

Wir schlenderten durch die tolle, bereits weihnachtlich geschmückte Stadt, bis zur sehr sehenswerten Markthalle. Danach ging es in die Altstadt mit ihren kleinen bunten Gässchen. Hier gibt es kleine gemütliche Lokale, in denen man, zu moderaten Preisen, sehr gut essen kann. Auf dem Rückweg zum Schiff machten wir noch einen Zwischenstopp für eine leckere Sangria am Hafen, direkt gegenüber unseres Schiffs.

Eine peruanische Panflötenband machte den tollen Moment bei untergehender Sonne perfekt.

Mit einem "Madeira Tuktuk" ließen wir uns dann schnell zurück zum Schiff bringen. Das letzte Mal festen Boden unter den Füßen, für die nächsten 6 Tage… schon irgendwie komisch.

Pünktlich um 21:30 Uhr, wir waren noch beim Essen, legte das Schiff ab und das Abenteuer Transatlantik konnte beginnen.

Die nächsten 6 Seetage fasse ich mal etwas zusammen, sonst wird doch noch der Rahmen gesprengt.

Das Wetter war fast immer sehr schön. Ab und zu gab es mal einen kleinen Regenschauer.
Es wurde von Tag zu Tag wärmer und wir hatten bestimmt 27-28 °C.
An den ersten 4 Tagen mussten wir jeden Tag die Uhr eine Stunde zurück stellen, so dass wir mehrere 25-Stunden-Tage hatten. ☺
Wir haben es uns so richtig gut gehen lassen, mal auf dem Balkon, mal auf Deck 12, oder in einem der 5 Whirlpools.

Gefrühstückt haben wir immer ausgiebig im
Windjammer Buffetrestaurant. Es gab dabei
nie Probleme, einen freien Tisch zu
bekommen. Mittags bzw. Nachmittags
haben wir uns mit Snacks, die es zu jeder
Zeit im Cafe der Royal Promenade gab, über
Wasser gehalten. Ab und zu haben wir uns
auch mal Kleinigkeiten vom kostenlosen
Kabinenservice auf die Kabine bringen
lassen.

Fast jeden Abend waren wir im Strauß
Restaurant auf Deck 4 essen. Das Essen war
bis auf ein Mal richtig gut. Die Speisekarten,
auf denen täglich 6 - 7 verschiedene Vor-
und Hauptspeisen standen, wurden auch
auf Deutsch bereitgestellt. Zum Nachtisch
gab es immer eine kleine separate Karte.

Beim Essen bekam man Eiswasser und typisch amerikanische Limonade kostenlos. Es war auch möglich sich eine Flasche Wein zu gönnen, sollte man diese an dem Abend nicht leer trinken, bekam man sie dann am nächsten Abend automatisch wieder an den Tisch gebracht. Unsere Tischzeit (20:30 Uhr) hatten wir uns schon bei der Buchung ausgesucht. Uns wurde bereits vorab Tisch 468 zugeteilt (steht auf der Bordkarte). Der Tisch stand gleich am Fenster und war für 6 Personen.

An den meisten Abenden hatten wir den Tisch für uns alleine. Die anderen Reisenden, die mit an unseren Tisch gebucht waren, hatten vermutlich keine Lust schön bedient zu werden. Wir haben es genossen!

Es gab 3 formelle (Anzug und Abendkleid) Abende, die anderen waren léger.

Unsere beiden Kellner Ramon aus Honduras und Esra von der Insel S. Vincent und die Grenadinen waren Spitze. Schon allein wegen den beiden waren wir abends nicht ein einziges Mal im Windjammer Restaurant essen. Überhaupt haben wir in kaum einem anderen Restaurant jemals so gut ausgebildete Kellner erlebt.

Einen Abend waren wir dann aber doch mal im Johnny Rockets, nur um es mal ausprobiert zu haben. Es war ganz interessant, aber doch nicht so unsers, die Burger haben uns die ganze Nacht beschäftigt. Für dieses typisch amerikanisches Restaurant musste man 4,95 $ zuzahlen.

Apropos typisch amerikanisch! Mit uns waren noch ca. 300 weitere Deutsche, und ca. 500 Personen aus anderen Nationen mit an Bord, der Rest waren überwiegend Briten und natürlich ganz viel Amerikaner. Was für uns auch nicht ganz unwichtig war, dass insgesamt nur 10 Kinder an Bord waren.

Leider waren die Informationen für uns Deutsche und die anderen Nationen sehr mangelhaft. Der Cruise Kompass kam zwar in Deutsch, aber die wichtigen Sachen fehlten darauf. Dieser Punkt ist auch wirklich der einzige Kritikpunkt dieser tollen Kreuzfahrt.

Der Cruise Kompass ist eine Art Tageszeitung auf dem Schiff. Dort gibt es Informationen zu allen Veranstaltungen an Bord, Öffnungzeiten der Geschäfte und Bars, sowie sonstige wichtige Informationen.

Einmal wurde ein deutsches Mittagessen angeboten, mit (für die Amerikaner) typisch deutschen Speisen, wie z.B. Sauerkraut, Weißwürstchen, Sauerbraten, Käsekuchen uvm.
Da es dort Wein bis zum abwinken umsonst gab, war das Restaurant auch sehr gut besucht.
Der deutsche Staffkapitän Thomas Roth nahm sich dabei auch Zeit für die Fragen der deutschen Gäste.
Auf unserer Kreuzfahrt letztes Jahr zu den Kanaren war das ganz anders.

Dort war auch ein deutscher "Botschafter" an Bord, der fast täglich irgendwelche Informationsveranstaltungen anbot. Wir vermuten, dass es wohl auf die jeweilige Tour ankommt und wie viele Gäste aus den einzelnen Ländern an Bord sind. Aber keine Angst, wenn man Hilfe brauchte, oder irgendetwas unklar war, wurde einem an der Rezeption immer gut geholfen.

Vor oder auch nach dem Essen haben wir uns diverse Veranstaltungen den verschiedenen Theatern angeschaut. Sie waren alle sehr nett gemacht, aber leider alles nur auf Englisch (aber das wussten wir ja vorher). Es gab so viele Möglichkeiten der Abendgestaltung, wer da nichts gefunden hat, dem ist kaum zu helfen.
In den vielen verschiedenen Bars an Bord spielten ständig sehr gute Livebands und Musiker zum Tanz, oder einfach nur so.
Am letzten Seetag hatten wir Karten für die Ice-Show "Cool Art Hot Ice". Wir fanden sie sehr gut gemacht. Vor allem wegen der peppigen Musik.
Von den Shows hat uns Jonny Balance am besten gefallen. Er hat eine Mischung aus Comedy und Magic Show gezeigt, welche wirklich sehr unterhaltsam war.

Die Unterhaltungsmöglichkeiten auf unserem Schiff waren überhaupt sehr vielseitig. Hier sind nur ein paar Beispiele: Eislaufen, Minigolf spielen, Kletterwand, Skaten, Tanzkurse, Weinprobe uvm.

Ansonsten muss man sagen, dass das Programm an Bord doch sehr auf die amerikanischen Gäste abgestimmt war. Es gab täglich ein Dutzend Spielshows oder Bingo. Im Casino gab es auch immer sehr gut besuchte Shows (meist von den amerikanischen Gästen).

An den 6 Seetagen zwischen Madeira und der Karibik hatten wir kaum Seegang, allerhöchstens Windstärke 5 Beaufort, und das Meer war sehr ruhig.

Alle wichtigen Daten wurden laufend, auf unserem interaktiven Fernseher in der Kabine, aktualisiert. So konnte man auf den diversen Karten sehen, wo man sich gerade befindet.

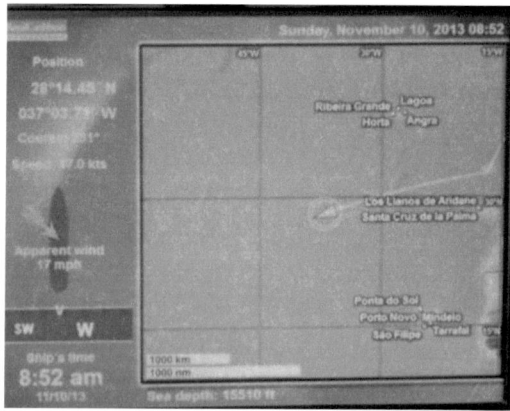

Außerdem gab es einen Kanal, auf dem ständig das Bild der Bugkamera zu sehen war, sowie einige andere Informationskanäle.
Auf einem dieser interaktiven Kanäle konnte man das persönliche Bordkonto jederzeit aufrufen und überprüfen. Bei uns stimmte leider einmal etwas nicht.

Unsere Angst vor den Seetagen, mit den tausenden Menschen an Bord, war unnötig. Wir fühlten uns zu keiner Zeit bedrängt oder beengt. Es verteilt sich alles auf so einem großen Schiff. Irgendwo gibt es immer eine ruhig Ecke!!

Am 11. Tag unserer Reise erreichten wir
endlich die Karibik. Unsere erste Insel war
St. Kitts. Im Hafen von Basseterre legten wir
pünktlich um 08:00 Uhr bei strahlendem
Sonnenschein und ca. 30 °C an.
Mit uns kam noch die Ventura von P & O
Cruises (genauso groß wie unsere AotS) dort
an.

Hier hatten wir einen tollen Ausflug über
Royal Caribbean gebucht. Die Tour hieß
Scenic Rail & Sail. Zuerst fuhren wir mit
einem Katamaran um die halbe Insel, um
dann zurück quer über die Insel mit dem
alten umgebauten Zuckerrohrzug zu fahren.

Auf dieser Tour bekamen wir fast alle Seiten
dieser kleinen Vulkaninsel zu sehen.
Wir fuhren durch Felder, kleine Orte und
hatten ganz tolle Ausblicke auf die Küste
und die wenigen Strände sowie auf das
Gebirge und den erloschenen Vulkan. Auf
dem Zug wurden wir dann mehrmals von 3
netten, jungen Einheimischen besungen
und bekamen Pina Colada oder andere
Getränke. Zwischendurch gab es einen so
heftigen Regenguss, das alle Leute die im
oberen, offenen Teil des Zuges saßen bis auf
die Unterwäsche nass wurden. Wir saßen
zwar auch oben, konnten uns aber noch
rechtzeitig mit unseren mitgebrachten
Handtüchern etwas schützen.

Unsere Reiseleiterin auf dem Zug meinte, diese starken Regengüsse gehören auf St. Kitts zum Alltag. Man sagt dort "liquid Sunshine" dazu.
Der tägliche Regen erklärt natürlich auch warum diese Insel so sehr grün ist. Wir haben dort Regenbogen in so vielen verschieden Formen und Farben gesehen.

Nach einer sehr kurzweiligen zweistündigen Zugfahrt kamen wir am Bahnhof in der Nähe des internationalen Flughafens von Basseterre an. Unser Busfahrer wartete bereits auf uns.

Zurück in Basseterre war in Hafennähe alles
nur auf die Kreuzfahrttouristen abgestimmt.
Duty Free hier, Andenkengeschäft dort. Und
das ganze immer schön abwechselnd...
ätzend!

Wir haben uns dann durch das
Touristengebiet durchgekämpft und sind
noch mal ins richtige Städtchen gelaufen...
ist aber auch nichts besonderes.
Also suchten wir uns in Hafennähe, wieder
mit Blick auf unser Schiffchen, eine nette
Bar mit Wi-Fi und machten uns über unsere
Smartphones her, um den armen
Daheimgeblieben unseren aktuellen Status
zu berichten.... Oder zu posten... wie man
heute so sagt.

Wieder pünktlich um 17:00 Uhr legten wir ab, um gemütlich mit 7-8 Knoten zu unserer nächsten Insel zu schippern.

St. Kitts war zwar ganz nett, aber sehr großen Eindruck hat dieses Inselchen bei uns jetzt auch nicht hinterlassen. Urlaub würden wir dort nicht machen wollen. Für uns gehören zu einer tollen Karibikinsel auch tolle Strände, und die haben wir dort leider vergebens gesucht.

Am Tag 12 unserer Reise brachte uns die Adventure zu der wunderschönen zweigeteilten Insel St. Maarten/St. Martin. Diese Insel teilen sich die Niederländer und die Franzosen (Schade, dass wir Deutschen da unten keine Insel haben).

Pünktlich um 08:00 Uhr liefen wir im Hafen von Philipsburg (niederländischer Teil) ein. Übrigens haben wir in jedem Hafen erstmal einen Lotsen an Bord genommen.

Hier lag heute Gott sei Dank kein anderes Kreuzfahrtschiff. Es soll Tage geben an denen hier 3-4 solcher riesen Pötte ankern, und auf jedem sind zwischen 3.000 und 4.000 Passagiere.

Um diese tolle Insel zu erkunden hatten wir
uns im Voraus bei dem Veranstalter Costal
Cars, einen Wrangler Jeep gemietet.

Das war der einzige Mietwagenanbieter den
wir bei unseren Recherchen im Internet in
Hafennähe gefunden hatten. Der Preis war
auch okay - 91 $ für fast 7 Stunden.
Zusammen mit unseren netten
Tischnachbarn, die sich uns an diesem Tag
gerne anschlossen, holten wir pünktlich um
09:00 Uhr unseren weißen Wrangler ab.
Alles klappte vorzüglich und schnell.
Wir wollten heute so viel wie möglich von
dieser tollen Karibikinsel sehen... nur leider
hatten wir vorher keine Ahnung, wie viel
Verkehr dort sein würde ☹.
Alleine um vom Hafen durch die Hauptstadt
zu kommen benötigten wir fast 45 Minuten.

Unser erster Weg (weil wir das auf jeden Fall sehen wollten) führte uns zum Maho Beach.

Das ist der berühmteste Strand auf St. Maarten. Dort beginnt gleich hinter dem Strand die Landebahn des internationalen Flughafens.

Der Strand ist ein Traumstrand, die Farben alleine...

Wir waren so gegen 10:00 Uhr dort und genossen die Zeit zum schwimmen und relaxen, noch war der Strand relativ leer. Um 12:03 Uhr sollte der Jumbo der KLM dort landen, weshalb sich der Strand auch langsam füllte. Der Flieger der KLM aus Amsterdam spannte uns auf die Folter, er hatte wohl Verspätung.

Endlich sahen wir das Flugzeug am Horizont und die Geräuschkulisse wurde aufgrund der gespannten Vorfreude deutlich lauter.

Der Flieger kam und alle hatten Gänsehaut, DAS war ein Erlebnis. Es erfordert wohl Mut dort stehen zu bleiben wenn so ein riesen Flugzeug 5 Meter über unsere Köpfe hinweg fliegt. Um dieses Gefühl etwas nachzuvollziehen, schaut Euch, wenn Ihr möchtet, z.B. bei YouTube die Videos dazu an.

Wir zogen uns um und fuhren gleich weiter. Zunächst fuhren wir durch den Nobelurlaubsort Maho und von dort aus mitten durch einen Golfplatz.
Dann überquerten wir eine Grenze, die es so in Europa nicht gibt, weil die Länder Frankreich und die Niederlande in Europa keine gemeinsame Grenze haben. (Ich glaube das war schon mal eine Frage bei "Wer wird Millionär").
Unser Plan war durch die französische Hauptstadt Marigot zu fahren um auf die andere Seite zum nächsten Traumstrand, dem Orient Beach, zu kommen. Kurz vor Marigot hielten wir an einem Supermarkt um uns mit kalten Getränken zu versorgen, und wir konnten dort doch tatsächlich mit Euros zahlen.

In Marigot wurde leider überall gebaut, Straßen waren gesperrt und Umleitungsschilder gibt es dort leider nicht (Verkehrsschilder gibt es dort eigentlich auch nicht). Nach mehreren Runden durch die Stadt - wir konnten die richtige Straße nicht finden - entschlossen wir uns dann zurück nach Philipsburg zu fahren. Leider lief uns die Zeit davon, denn wir mussten ja schon um 16:30 Uhr wieder an Bord sein. Wir hatten in Philipsburg jetzt noch eine Stunde Zeit bevor wir das Auto wieder zurückgeben mussten. Nachdem wir einen Parkplatz gefunden hatten, sind wir an die Strandpromenade um uns ein Wi-Fi Lokal (natürlich wieder mit Blick auf die Adventure) zu suchen.

Hier am schönen Strand von Philipsburg könnte man es auch etwas länger aushalten. Dann noch schnell ins Hardrock Cafe, um uns unser Sammler Shotglas zu besorgen und die Zeit war leider schon um. Kurz vor halb 5 waren wir dann auch schon wieder an Bord. Da wir nun leider hier nicht viel gesehen haben, haben wir beschlossen: Hier müssen wir noch mal hin!

Etwas wehmütig schauten wir beim
Auslaufen auf die Kulisse dieser schönen
Insel, denn nur noch 1 Tag und 2 Nächte
und diese tolle Kreuzfahrt ist zu Ende.
Am nächsten Morgen liefen wir bereits um
06:00 Uhr früh in den Hafen der Stadt
Charlotte Amelie auf der Insel St. Thomas
von den US Virgin Islands ein.
Wir mussten in die USA immigrieren.
Bereits zuhause meldeten wir uns über das
Internet mit dem sogenannten ESTA
Formular für die Einreise in die USA an.
Ohne dieses Formular wäre die Einreise
nicht möglich gewesen.

Am Abend vor der Einreise wurden wir (dieses Mal ausnahmsweise auch auf Deutsch) über die Einreiseprozedur informiert.

Eigentlich ist unser Deck 9 erst zwischen 10:00 - 11:00 Uhr dran, da wir aber für 08:00 Uhr einen Ausflug über Royal Caribbean gebucht hatten, sollten wir uns so früh wie möglich zur Einreise anstellen.

Also standen wir bereits um 05:45 Uhr vor dem Restaurant, auf Deck 5 wo sich später die amerikanischen Zollbeamten unser annahmen und uns in Amerika einreisen ließen.

Wir waren keine Minute zu spät dort, innerhalb der nächsten 10 Minuten standen die Menschen schon bis zum Royal Promenade Cafe am Ende der Promenade. Als um kurz nach 6 die Türen zum Restaurant aufgingen, waren wir innerhalb weiterer 10 Minuten nach Amerika immigriert. Wir wurden nur noch gefragt wie und wann wir die USA wieder verlassen würden. Da das mit der Einreise so gut und schnell geklappt hat, hatten wir nun noch genug Zeit um ausgiebig zu frühstücken.

Unsere heutige, auch wieder über Royal
Caribbean gebuchte Tour, hieß: Ultimate 5
Star Island Tour - St. Thomas
(Best Views, Best Beach & Best Shopping)
klang sehr viel versprechend.
Pünktlich um 08:00 Uhr verließen wir
wieder über Deck 1 das Schiff. Dort wurden
wir schon von den netten Mitarbeitern von
der Ausflugsagentur erwartet. Welch
Überraschung: unsere netten Tischnachbarn
waren auf der gleichen Tour, die wir auch
gebucht hatten.

Mit offenen Bussen, die jeweils Platz für 12
Personen hatten, ging es mit unserem
Reiseführer Curtis zuerst an einen
Aussichtspunkt mit Blick auf die beiden
Häfen der Insel. Toller Ausblick.

Im anderen Hafen lag ein Schiff von Prinzess
Cruise.

Gleichzeitig könnten auf St. Thomas 6 große Kreuzfahrtschiffe anlegen, das möchten wir nicht erleben.

Curtis erzählte uns während der ganzen Fahrt ganz viele Interessante Sachen über St. Thomas und die anderen US Jungferninseln, nur leider haben wir nicht sehr viel verstanden. (demnächst sind mal ein paar Englischkurse nötig...das haben wir uns auf jeden Fall vorgenommen.)

Weiter ging es zum schönsten Strand (laut Curtis) der Insel; der Magens Bay.
Dieser Strand soll zu den 10 schönsten Stränden der Welt gehören. Naja schön ist er, aber wir haben schon mehr als 10 schönere gesehen.

An diesen Strand gab es handzahme
katzengroße Eidechsen und leider ganz
schön viele Mücken

Um an den Strand zu gelangen musste man
2 $ Eintritt bezahlen. Das war aber Okay, da
es dort auch Toiletten, Duschen und
Restaurants gibt.
Wir haben hier das warme Meer und die
Ruhe sehr genossen. Trotz der 2 großen
Kreuzfahrtschiffe in den Häfen war der ca.
1.000 m lange, wunderschöne Strand
überhaupt nicht voll. Trotzdem konnte man
gleich erkennen wer von welchem Schiff
kam. Alle, die von unserem Schiff waren,
hatten hellblaue Strandtücher und die
Gäste des Prinzess Schiffs hatten blau-weiß
gestreifte Strandtücher.

Nach 2 Stunden Beachtime ging es weiter
zum höchsten Punkt auf der Insel, dem
"Mountain Top Viewpoint". Hier wurde eine
richtige Touristenfalle gebaut.

Um an den Aussichtspunkt zu kommen
musste man erstmal durch eine riesige
Shoppinghalle… und einige Touristen
konnten auch nicht widerstehen.
Der Weg durch dieses Touristenmekka hat
sich aber gelohnt, die Aussicht war
fantastisch. Man schaute auf die anderen
US Virgin Islands, wie z.B. Tortula und sah
die Magens Bay in ihrer vollen Pracht.

Zum Schluss unseres Ausflugs setzte Curtis
uns in der Hauptstadt Charlotte Amalie zum
shoppen ab.

Unser Eindruck: einfach nur schrecklich, hier gab es einen Juwelierladen nach dem nächsten… nichts anderes…. Nur Juwelierläden.

Es war so heiß in der Stadt und außerdem quälten uns einige menschliche Bedürfnisse. Urplötzlich standen wir vor einem kleinen urigen Gässchen, mit dem Wegweiser zu einer Bar mit Free Wi-Fi und Carib Beer. Ganz versteckt in einem Hinterhof fanden wir dann eine kleine Oase mit Bananenpalmen und zwei sehr netten älteren Barkeepern. Dort haben wir bis zum vereinbarten Zeitpunkt zwei leckere Carib Beers getrunken und mit unseren Lieben daheim gechattet.

Die Insel St. Thomas hat uns auch sehr gut gefallen. Die Vegetation hat uns sehr stark an die Dominikanische Republik erinnert. Da die Insel bis 1917 den Briten gehörte, gibt es dort immer noch den Linksverkehr. Die Autos haben aber das Lenkrad auf der linken Seite, wie bei uns. Diese Insel steht bei vielen Kreuzfahrtrouten auf dem Plan. Deshalb bin ich sicher, dass wir dort auch nochmal hin kommen.

Zwei Stunden vor dem Ablegen waren wir dann wieder auf unserem Schiff. Wir haben uns gleich ein schönes Plätzchen auf Deck 12 gesucht und es uns dort noch mal so richtig gut gehen lassen. Pünktlich zum Sonnenuntergang liefen wir dann aus.

Wir blieben noch eine gute Stunde auf unseren Balkon und sahen zu wie die Lichter von St. Thomas langsam kleiner wurden.

Leider mussten wir nun unsere Koffer packen, denn diese sollten wir bis 23:00 Uhr vor die Kabine stellen. Da wir ja noch eine Nacht in San Juan blieben, mussten wir nicht ganz so genau packen. Anschließend haben wir die Umschläge mit den Trinkgeldern fertig gemacht.

Grundsätzlich wird das Trinkgeld bei Royal Caribbean täglich vom Bordkonto abgebucht. Man hat aber die Möglichkeit das Trinkgeld vom Bordkonto stornieren zu lassen. Das geht auch ohne Begründung. Wir finden es schöner das Trinkgeld persönlich zu übergeben.

Wir haben uns dabei sehr wohl an die Vorgaben von Royal Caribbean gehalten. Pro Person haben wir 12,00 $ pro Tag in die Umschläge verteilt.

Nachdem wir zum letzten Mal im Strauß Restaurant bei unseren besten Kellnern der Welt gegessen haben, sind wir noch an die Lobby Bar zu unserem Lieblingsbarkeeper um uns auch von ihm zu verabschieden. Er bekam natürlich auch einen Umschlag.

Später trafen wir uns noch zum Abschied mit anderen netten Mitreisenden.

Am nächsten Morgen liefen wir bereits um
06:00 Uhr, leider im dunkeln, im Hafen von
San Juan ein.

Wir mussten um 08:00 Uhr in der Imperial
Lounge sein. Von dort wurden wir dann zum
Ausgang begleitet. Im großen Terminal
standen bereits fein säuberlich nach
Nummern sortiert unsere Koffer.

Nach der Passkontrolle gaben wir unser
Gepäck wieder ab. Da wir einen Ausflug
„Old and New San Juan" gebucht haben,
wurde unser Gepäck sofort zum Flughafen
gebracht und wartete dann dort auf uns.

Wir wurden dann durch die wunderschöne Altstadt von San Juan gefahren. Am UNESCO Weltkulturerbe, dem Fort San Christobal, hatten wir eine dreiviertel Stunde Zeit (viel zu wenig).

Solltet Ihr mal diese wunderschöne Stadt besuchen, nehmt Euch genug Zeit, um die alte Festung ausgiebig zu erkunden, es lohnt sich.

Weiter ging es zum neuen Teil der Stadt. Und schließlich entlang der wilden Atlantikküste zum internationalen Flughafen.

Am Flughafen standen auch schon unsere Koffer bereit. Aber wir wollten heute ja noch nicht nach Hause fliegen. Wir hatten bereits von zuhause aus ein kleines älteres Hotel direkt am schönen Contado Beach, für eine Nacht, gebucht. Also fragten wir ob uns unser Busfahrer wieder mit zurück nach San Juan nimmt.
Das war kein Problem, für 20 $ hat er uns gerne zum Hotel gefahren.
Bereits gegen 11:00 Uhr kamen wir im Atlantik Beach Hotel an. Es sah toll aus, eine schöne Terrasse mit fantastischem Meerblick. Leider war unser Zimmer noch nicht fertig und man sagte uns das könnte auch 15:00 Uhr werden.

Deshalb entschlossen wir uns, shoppen zu gehen.
Wir fuhren mit dem Taxi zur größten Shopping Mall von San Juan, in das Plaza las Americans. Das Centro in Oberhausen passt da mindestens 2 x rein.

Das komplette Center war bereits
weihnachtlich geschmückt. An einem Stand
konnte man sich sogar schon mit dem
Nikolaus knipsen lassen. Dahinter stand ein
überdimensionaler Teddybär, ein riesiger
Weihnachtsbaum und dazwischen PALMEN.
Nach 3 erfolgreichen Stunden waren wir
dann voll bepackt wieder im Hotel.

Mittlerweile hatten wir auch schon 16:00
Uhr und wir wollten uns ja noch in die

Fluten des warmen Atlantiks stürzen. Aber leider ging unser Plan nicht auf, denn es regnete.

Nachdem wir unser Zimmer bekommen hatten, welches in der letzten Ecke des Hotels war (das kannten wir ja noch von Southampton), hörte es auf zu regnen und wir konnten uns noch ein Stündchen auf der Terrasse des Hotels sonnen.

Die Zimmer in diesem Hotel waren extrem abgewohnt und vor allem hellhörig. Deshalb und weil das sogenannte Preis/Leistungsverhältnis nicht stimmte, würden wir das Hotel nicht weiter empfehlen.

Am nächsten Morgen ließen wir uns schon früh mit dem Taxi zum Flughafen bringen.

Um 08:55 Uhr hob unser Flieger von American Airlines Richtung Miami ab. Dort hatten wir dann um 15:55 Uhr unseren Weiterflug mit Air Berlin Richtung Düsseldorf.
Auf dem ruhigen Flug von San Juan nach Miami überflogen wir die Bahamas... solche tolle Farben im Meer haben wir selten gesehen... wir haben so tolle Bilder machen können!

Beim Anflug auf Miami überflogen wir die Everglades... auch sehr beeindruckend.
Am Flughafen von Miami haben wir die Zeit bis zum Weiterflug im Skytrain verbracht und unsere letzten Dollars in den vielen Läden dort am Flughafen verbraten.

Unser Heimflug mit AirBerlin verging wie im Flug. Wir hatten Glück und sind mit einer neu umgerüsteten Langstreckenmaschine geflogen. In dieser Maschine gibt es schon die neuen Sitze mit den Inseat Monitoren.

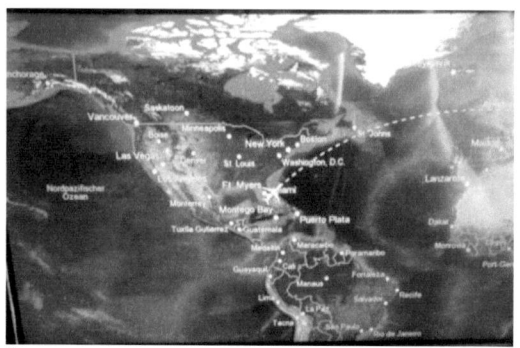

Überpünktlich um 07:00 landeten wir in Düsseldorf. Dort mussten wir (wie immer) fast eine Stunde auf unsere Koffer warten. Dann ging es raus ins kalte Deutschland und mit der Bimmelbahn nach Hause.

Wir hatten einen tollen Urlaub und sind so erholt wie selten nach einem Urlaub.
Wir sind uns einig!!! Wenn es möglich ist, wollen wir diese Art zu Reisen jedes Jahr wiederholen.

# Epilog

So das waren unsere **Erlebnisse** und Erfahrungen auf unserer ersten und hoffentlich nicht letzten Transatlantik Kreuzfahrt.
Ich hoffe, Ihr hattet Spaß beim Lesen.
Eventuell konnte ich ja dem einen oder anderen die Angst vor der Atlantiküberquerung auf diese Art nehmen.
Vielleicht seid Ihr ja jetzt auch auf den Geschmack gekommen.